LA CARAVELLE DES JOURS

ANNE BERNAVILLE

LA CARAVELLE DES JOURS

Poésies

© 2024 ANNE BERNAVILLE

Edition BOD-Books on Demand, info@bod.fr

Les enfants sont comme les marins :

Où que se portent leurs yeux,

Partout c'est l'immense.

Christian Bobin

I. ORAGES

La vie, ce n'est pas d'attendre que l'orage passe,
Mais d'apprendre à danser sous la pluie.
Sénèque.

FUNERAILLE AU SOLEIL

Une robe d'hiver,

Au vent de Septembre,

Se soulève sous la ville lumière.

Sans trêve s'éprendre,

De ses fils de soie,

Cousus d'espoir.

Ephémère joie,

Blanc le lin, seule,

Passe son ombre sur les trottoirs.

Soleil de cire, jour d'Avril,

Eclipse de vie, ciel cannibale,

Sang d'étoile au visage Pâle,

Déjà ailleurs.

Une robe trop longue,

Du soir qui ment.

Hors champ du monde,

Fraichement fauché.

Ses cheveux en bataille,

Rangée, perdue.

Nos cœurs à nu.

Astre de verre,

A s'y méprendre,

Tourne sur elle-même.

Et l'amour se terre,

Sous la pluie d'Agathe.

Au ciel défilant,

Déboule, haut les cœurs,

Méfiant, sous la houle,

Le malheur.

Linceul d'étoiles,

Sablier infini,

Dispersés sur les trottoirs,

Ses grains de magie.

Cruel Avril.

Sous l'œil d'Agathe,

Une flaque se trouble.

Miroir double,

Glaçant le sang,

Ne fait qu'un tour,

L'étrange manège,

De nos vies fragiles.

MASCARADE

Jusque-là,

La vie battait son plein de fêtes légères.

Jusque-là,

Scintillaient d'éclats d'argent,

Les beaux miroirs réfléchissant,

A la surface du temps.

Jusque-là,

Profond était le bleu,

Des piscines et des cieux.

Jusque-là,

Tout ressemblait à un tableau de David Hockney.

Jusque-là,

Tout était mascara,

Mascarade.

JUNGLE

Cet après-midi-là,

Le soleil ne brillait pas.

Dans la jungle urbaine,

Presque inhumaine,

On pressait le pas.

Bientôt, l'heure du festin.

Au bout de l'impasse,

Le face à face.

Silence mortel.

La vie à tire d'aile.

Le mal est fait.

Le fauve rassasié.

Angèle se meurt.

Autour d'elle, la terreur,

L'effroi et la rumeur.

Vision d'épouvante.

Le ciel en pleurs.

Avide de chair fraiche,

La foule se dépêche.

Mais il est trop tard.

Il n'y a pas de hasard.

L'ange s'est envolé.

Et l'avenir, tout entier,

Dévoré.

LE HAVRE

Au bout de la jetée,

Des dockers, visages brulés,

Aux gestes mécaniques,

Ont des regards d'acier.

Pour eux,

Plus de voyage au bout du monde,

De grand tour sur la mappemonde.

Juste le bal des chariots élévateurs,

Des cadences infernales et de la sueur.

Juste ce ciel de traine,

L'horizon que l'on voit à peine,

L'alcool mauvais qui brûle,

Coulant à flot dans leurs veines.

L'existence sans sextant,

Ni voile au portant,

Balayée d'un coup de vent,

Au grand bal des vivants.

LA VALLEE DES FOUS

C'est une grève sauvage du Finistère,

Où rêvent de jeunes loups de mer,

Sur de vielles planisphères,

Au grand voyage en solitaire.

Un tour du monde sans escale,

Loin des vies banales.

Cap vers le grand large,

Le vent des naufrages,

Les hautes vagues scélérates,

Les caprices de la houle,

Et les feux de Bengale,

Salués par la foule.

C'est une vallée des fous,

A l'étrange atmosphère,

Le calme avant l'enfer.

Au-delà des frontières,

S'affranchir des barrières,

Voir l'autre hémisphère.

Un dernier regard fier,

Vers les damnés du bitume.

Au son de la corne de brume,

Pour ceux qui restent à terre,

Des larmes et des prières,

Jusqu'à la prochaine lune.

SAUDADE

Un fado à Rio,

Une Samba à Porto,

Un musicien en exil,

A l'âme mélancolique.

Vague sans rivage,

Nostalgie délicieuse du soir,

Au cœur amer solitaire.

Toujours ce même ciel d'azur,

Qui tourne à l'injure.

La pluie fine sur les toits,

L'été, déjà, qui s'en va.

L'envie folle d'ailleurs,

Juste pour une heure,

De transport avec toi.

LA CABANE

Au bout des rives d'Amazonie,

Une dune creusée vers la mer,

Jusqu'à l'horizon infini.

Voilà mon paradis.

Une cabane de bois blanc,

Au bras alangui du temps.

Idylle blanchie de corail,

Vivre tel un feu de paille,

Rien d'autre que l'instant.

Douce torpeur au soleil,

Lointain pays des merveilles.

Rêve des jours éveillé.

La beauté m'a sauvé.

SONATE SOUS LA CANOPEE

Sous la canopée douce et sonore,

Concert jusqu'à l'aurore,

Au temps de l'aventure,

Et de la démesure.

Sonate pour hautbois,

Flûte et clarinette.

Mille chants d'oiseaux percent ma torpeur,

De harpes en plein cœur.

ALABAMA

Une balade en cabriolet,

Sur une route de poussière.

Nos cheveux décoiffés,

Pied au plancher.

La liberté se nomme Chevrolet.

Le vent du désert,

Sur un air de blues démodé,

Souffle sur les braises d'hier.

Nuit cambriolée.

La lune couleur chair,

Au temps du bonheur volé.

Les heures mystifiées,

Dans ce lieu paumé,

Simplement à s'aimer.

YUCATAN

Tout près de la lagune,

Bercé par le ressac,

Au fond d'un Hamac,

J'ai déposé les armes.

Loin de la multitude,

Où tout est ridicule.

Royaume de l'instant.

A l'ombre des palmiers géants,

Doucement balancé par le vent,

Je tue le temps.

Et les larmes d'antan,

S'évaporent en nuage,

Dans le ciel volage.

PACIFIQUE

Sur la route des légendes,

Dans sa Ford Mustang,

Elle file à vive allure,

Vers les nuits qui tanguent.

Rêve de démesure,

Au rythme de sa belle mécanique,

Vertige au bord du Pacifique,

Sous le soleil d'argent chromé.

Dans l'ivresse du soir,

Les vautours hauts perchés,

Aux cimes des palmiers,

Traquent le désespoir.

L'aube est désenchantée,

Pour les rêves trop grands.

Du haut du pont d'acier,

Sous l'œil blasé des pélicans,

Saut de l'ange dans l'océan.

LA ROUTE DU NORD

C'est presque l'aurore,

Sur la route du Nord.

La brume est tenace.

Qu'importe la menace.

Elle sourit et trace,

Sans un seul coup d'œil,

Au rétroviseur.

Mille bornes au compteur,

Dans sa Land Rover,

Virage sur la glace,

Et l'on perd sa trace.

Dernier coup du sort.

Les anges qui passent,

Rient de la bonne farce.

Qu'importe la casse.

Cascade vers le ciel,

Au diable les remords,

Frondeuse et rebelle,

Même après sa mort.

LE TRAIN BLEU

Du cap à Kimberley,

Des déserts aux vallées,

Une pluie de diamants,

A faire pâlir les sultans,

Passent les paysages,

Du grand livre d'images,

A bord du train bleu.

Dans la voiture fumoir,

Au luxe des anciens comptoirs,

Un portrait à sa gloire.

L'odeur de son cigare,

Au gout de la victoire.

Churchill toujours hilare,

Hante le train de l'histoire.

EXIL SUR LE NIL

A bord du vapeur,

S'évaporent les heures.

Voyage sur le Nil,

Les paysages défilent,

Villages aux toits bleus,

Des enfants joyeux,

Plongent dans le fleuve,

Aux dons mystérieux.

Douce torpeur,

Sur ma rivière intérieure,

Les souvenirs demeurent.

Reviennent les jours heureux,

De nos voyages à deux.

ALDABRA

Vertige ascensionnel,

Lune éprise du soleil.

Au loin, on devine,

L'île perdue, rebelle.

Mystérieuse charade.

Promesse magicienne.

Aldabra se dévoile,

Sensuelle et sauvage.

Les dieux en file indienne,

Unanimes, s'inclinent,

Et saluent l'idylle,

De la mer et du ciel.

Oiseau sans aile,

Plus d'échappée belle,

Niché au paradis.

O merveilles alanguies !

A l'aube du soir venu,

Le ballet des lucioles,

Embrase les ingénues.

Et sous ce jour filant,

Se lève enfin le vent,

Des amours impatients.

BLACKBIRD

Sous l'ombre du Flamboyant,

Un Daïquiri face à l'océan.

La tête ivre dans le vent,

Les yeux perdus au ciel.

La musique dans l'air,

A l'âme de Chet Baker.

Balade ou requiem,

Au bord de la falaise,

L'envie soudaine,

De plonger vers l'abime.

Bye bye Blackbird.

S'envole dans le soir,

L'oiseau de l'espoir.

LE CHATEAU DE SABLE

Midi.

Une plage de sable noire,

Dans le soleil qui fuit.

Deux enfants jouent et rient.

Fugue en jours mineurs.

Loin des grilles inutiles,

De la fureur et de la peur,

Le vent de toutes les folies.

Enfants du même pays,

A l'éternel été,

Sangs mêlés à jamais.

Promesse sacrée.

Grain de sablier.

Mais le temps à fleur d'eau,

Submerge les heures bénies.

Les digues, puis les tours,

Cernées par la marée.

Et bientôt leur amour,

Emporté vers le large,

Tel un château de sable.

BELLE ILE

Sur le pont du navire, mon cœur chavire.
A l'encre de chine, sa silhouette se dessine.
Sur les flots qui scintillent, filent,
Au ras de l'eau, les cormorans huppés.
Déjà, je devine la citadelle de Palais.
La foule exaltée inspire la gaité,
Avec ses chapeaux neufs de paille,
Ses casquettes de marine usées,
Les cavalcades de la marmaille,
Les poches pleines de caramels.
Il y a de la musique dans les ruelles,
Les bistrots et les cafés bondés.
Dans le port, le va et vient des voiliers,
Célèbre la victoire de l'été.

La corne retentit, mon cœur succombe.

Partout, je respire le bout du monde.

Dans les landes de bruyère vagabonde,

Sous le vent, la fraicheur des pins,

En haut des falaises livrées aux embruns,

Sur les dunes blondes de Donnant,

Dans les prairies sauvages d'asphodèles,

Sur la plage au sable d'or de Kerel,

Face à l'émeraude de l'anse Goulphar,

Tout en haut du grand phare.

Je brûle de tout revoir,

Avant le grand départ,

Et jusqu'au dernier soir.

Belle île, mon île aux trésors.

LETTRE D'ADIEU

Une lettre d'adieu,

Au royaume des aveugles.

Le monde entier déraille.

Alors, j'écris en braille.

Pour encore espérer,

Qu'un apprenti sorcier,

Fraîchement échappé,

De la Silicon Valley,

Frappé par un éclair,

De grande lucidité,

Revoit enfin la lumière,

La beauté du monde,

Presque dévastée.

II. ESCALES

Le véritable voyage de découverte ne consiste pas à voir de nouveaux paysages mais à avoir de nouveaux yeux.

Marcel Proust

LES PARFUMS DU MONDE

Les souvenirs sont des parfums de voyage.

Une légère brise de fleurs d'oranger à Tanger,
Le soleil dans les jasmins des Palmeraies,
Les grains de pluie dans la vallée de mai,
Les pins enneigés des forêts de Sibérie,
Le marché aux épices de Pondichéry,
Le tourbillon de pétales sur les collines de Grasse,
Le parfum dans son sillage que rien n'efface.
Ni le temps qui passe,
Ni les vents de face.
Dans l'air immortel demeure sa trace.

FAIR LADY

Elle a la voix des matins d'audace,

Quand la vie roule son tambour,

Sur un air de fête.

Elle sourit toujours aux menaces.

A son bras, fidèle, l'aigle royal.

Elle a le cœur des gladiateurs,

L'œil des grands navigateurs,

La force des sherpas du Népal,

La grâce d'une danseuse étoile.

A son doigt, son précieux talisman.

Une étoile de diamant,

Sertie d'un papillon blanc.

Elle est toujours là,

Aux heures de trahison.

Elle ressemble aux dimanches,

A l'hermine blanche,

De mes nuits.

Elle est ma chance,

Ma Fair Lady.

LA REGLE D'OR

Elle habille les humbles d'un manteau d'hermine,

Et enlève aux nantis leur cape d'arrogance.

Elle sème sur le chemin de l'enfance,

Les cailloux blancs de l'innocence.

C'est la main tendue d'un ami,

Un sourire franc dans la nuit,

Un beau geste gratuit.

C'est un principe noble,

Brodé de fils d'or sur le cœur.

C'est le souci de l'autre,

Lorsque tout vous sourit.

C'est un rêve extraordinaire,

Un air révolutionnaire,

Une improbable prière,

Tous solidaires.

L'HEURE DE VERITE

Et le miroir aux alouettes se brisa en mille éclats de vérité.

333

Trois cents trente-trois jours,

De chasse au trésor,

La vie ou la mort,

Braquage du temps.

La mort dans le décor,

Pour un corps à corps,

Sans arme et sans haine,

Sur un coup de déveine.

La mort dans les veines,

Toujours la même scène,

Tragédie comique,

Partir ou rester,

Sur un coup de dé,

Le film en accéléré.

Victoire sans gloire,

Ni ordre, ni mérite.

Comme unique trophée,

A la boutonnière,

Une fleur de jardin,

Cueillie ce matin,

Pour fêter la vie,

Et ses facéties.

UN SOIR D'OPERA

A la belle étoile,

Paris, sur un banc,

Près de l'Opéra.

Leurs yeux de diamant,

Brillent de mille feux.

Ils sont si joyeux,

A vivre, éperdument.

Leurs ongles sont noirs,

Mais la nuit sera blanche,

Dehors, comme chaque soir.

Leurs ventres sont vides,

Mais leurs cœurs avides,

D'un amour qui danse.

DANSE SUR UN VOLCAN

J'ai tendu un fil sur le cirque,

Au-dessus des flammes,

Et je danse.

Randonnée mortelle,

Sur la crête de l'enfer,

Funambule sur les braises,

Dans un nuage de souffre,

Au piton de la Fournaise.

Au feu tous les regrets,

L'horizon disparait.

La foudre et le tonnerre,

Frappent le ciel brulé.

Plus rien à espérer,

Pour mon âme damnée.

LA CHAMBRE NOIRE

Dans la chambre noire,

Aux rêves d'ivoire,

Passe le train de nuit.

Je songe et m'enfuit.

D'oasis en déserts,

Des rivières à la mer,

De forêts en clairières,

Une nuit en plein soleil,

Où rien n'est plus pareil.

Monde et merveilles,

Voyage sans sommeil,

Les couleurs du ciel,

Fusillent à bout portant,

Ma dernière idée noire.

CORAIL NOIR

Océan des nuits,

Dune des jours,

Pour un regard,

Des grandes profondeurs,

Plongée en plein cœur.

Ses yeux de corail noir,

Illuminent les abysses.

Nage sans retour,

A perdre haleine,

Jusqu'à se noyer,

Contre les récifs.

Cœur écorché vif,

A jamais coulé.

LA SYMPHONIE DES ETOILES

Lionnes et lianes,

Tigres de la savane,

Feux de Bengale,

Partout, le danger plane.

La lune ouvre le bal.

Sauvage lumière,

Emplie de ténèbres.

Pays de magie noire,

Safari solitaire d'hiver,

Terre d'Afrique Australe,

Juste histoire d'y voir,

Dans la nuit ancestrale,

La symphonie des étoiles.

LE CIEL DES BERMUDES

Nuit d'orage,
Criblée d'éclairs,
Un SOS se perd.
Vaille que vaille,
Il faut lutter pour vivre.
Mais le ciel s'acharne,
Tous les cadrans déraillent.
Là-haut à dix mille pieds,
Perdue dans le triangle,
Telle une feuille morte,
Ephémère et légère,
Soudain, elle disparait,
Prise au piège d'éternité,
Dans la toile du mystère.

ELIXIR

Limpide souvenir,

Vivant et obsédant,

Dans un dernier soupir,

Les corps chancelants.

A la surface du temps,

Le génie des bulles d'or,

Pétille d'une joie profonde.

Presque à vouloir mourir,

Dans l'ivresse du soir.

Jamais il n'est trop tard,

Pour boire jusqu'à la lie,

L'élixir de la vie.

LES HEURES SACREES

Je n'oublierai jamais le parfum de rose fanée,

Flottant dans l'air léger,

A la fin de l'été.

Je n'oublierai jamais sa robe de lin froissée,

Valsant au vent des Alizés,

Jusqu'au bout du quai.

Je n'oublierai jamais la balade en voilier,

Voguant sur l'océan exalté,

A nos heures sacrées.

A L'ANGLAISE

C'est un matin blafard,

Perdu dans le brouillard,

Les yeux encore hagards.

Toujours le même quai de gare,

Ce fichu train en retard,

Le blizzard qui tenaille,

Et les jours qui déraillent.

Alors, sans crier gare,

Fuir ce jour de cauchemar.

Redescendre l'escalier,

Le dos encore courbé,

Et puis se redresser,

Dans l'air frigorifié.

Les pieds dans la glaise,

Sauter, s'éclabousser,

Echapper aux ornières,

Puis filer à l'Anglaise,

Dans une voiture volée.

Epouser les lacets,

A flanc de la falaise,

Rire de chaque danger,

Heureux du tour joué,

A rouler vers l'été,

Sans plus jamais,

Craché, juré,

Se retourner.

AUTOPORTRAIT

Loin,

Les salons feutrés aux murs épais,

L'orgueil et la vanité,

L'écho lourd de leurs mots usés.

Loin,

Le concours des arrogances,

Les fausses tendances,

Les heures d'urgence.

Loin,

Les postures et les impostures,

Les toiles bruyantes sur les murs,

Les défilés haute couture.

Aujourd'hui,

J'ai pris la contre allée.

Il y a du vent dans les blés,

Un air d'éternel été.

Aujourd'hui,

J'ai sauté dans le premier train,

Sans penser à demain,

Un harmonica à la main.

Aujourd'hui,

Je respire l'air du large,

Seule, sur la plage,

Enfin.

SOLEIL LEVANT

Rien ne m'appartient.

Sinon l'élan du cœur,

Et le feu du soleil.

MERCREDI

C'est le jour du grand huit,

Des rouleaux de réglisse,

Des cabanes sous le châtaignier,

Des mondes inventés au grenier,

Des collections d'agates,

Du tournoi d'échasses amical,

Du retour du bus impérial.

C'est le jour des pieds au mur,

Des bombes à eau à la figure,

Des roulés fourrés à la confiture,

Des rampes dévalées d'escalier,

Des pannes feintes d'oreiller,

Des paniers de mirabelles.

C'est le jour d'un rituel,

Un chant de sirène,

Qui me rappelle,

Les heures belles.

L'élu de la semaine,

Des quatre jeudi.

Mercredi.

UN DIMANCHE A VERSAILLES

C'est un jour bleu et or,

Où l'aube est de velours.

Un dimanche en dehors,

Du temps fait de cristal,

Où le soleil jaloux,

S'éclipse, faisant la moue,

Devant ses joues d'opale.

C'est une chambre bleue,

Où trône son portrait,

A l'étrange sérénité.

Ses pas sur le parquet,

Son rire aux éclats,

Ensorcèle le silence,

Au concours d'éloquence.

C'est un dimanche de chance,

Au pays de l'enfance,

Où rien n'est assez grand,

Ni les rêves en partance,

Vers les écueils du temps,

Ni les promesses tout-bas,

Dont on ne revient pas.

C'est un sourire d'en haut,

Un jour presque trop beau,

Un dimanche sans faille.

Retrouvailles à Versailles,

Avant qu'elle ne s'en aille,

Et que mon cœur s'entaille.

BLEU

L'élégance d'un cabriolet.

Le soleil couchant de fin d'été.

Le trait de craie d'un long courrier.

Le sablier des jours qui file pour rien.

Le conte de fées jusqu'au lendemain.

La carte énigmatique d'un visage.

Le cerf-volant envolé sur la plage.

La vie radieuse qui tourne à l'orage.

Le vent d'Ouest dans ses cheveux.

La lame déferlante des amants.

L'absolue solitude des amoureux.

Le dimanche soir sur l'écran blanc.

La nostalgie du paradis perdu.

III. ARCHIPELS

> Une île, c'était un monde en soi.
>
> Un monde dont on risquait parfois- Qui sait ?
>
> De ne jamais revenir.
>
> Agatha Christie.

RIVAGES

Un léger souffle de vent,

Sur l'écume du présent.

L'appel sans cesse de l'océan,

L'envol de l'oiseau blanc.

L'horizon incendié,

La grande voile hissée,

Table rase du passé,

A bord de mon voilier.

Cap vers les rêves d'enfant,

Toujours plus grands,

En mer, je suis vivant.

LE PAVILLON D'OR

Symphonie de lumière,

Miroir au reflet d'or,

Solstice d'hiver.

Drame au mont Kyoto.

Pluie de cendres,

Jusqu'en enfer.

Etranger aux prières,

Pyromane missionnaire,

Tu mordras la poussière.

Veille, Fidèle sentinelle,

Sur la beauté éternelle,

Du pavillon d'or.

L'ARCHIPEL

Un palais d'or et de feuilles,

Au pays des merveilles.

Etrange rituel,

Parfum de sortilèges,

Deux âmes sœur en exil,

Aux heures buissonnières.

Le ciel à l'envers,

Loin des ravages d'hier.

Voyage sur l'archipel,

Au rivage éternel.

Soleils d'été,

Tour à tour, inventés,

En plein cœur,

De l'hiver.

LA FLEUR DES SOMMETS

Si dans le silence de l'aube,

Ton cœur se serre déjà,

Face aux milles tourments,

Qui te guettent là-bas.

Si dans ce jour témoin,

De toutes les vanités,

Tu cherches une lueur d'humilité.

Si dans la douceur du soir,

Les lumières des réverbères,

Te plongent dans le noir.

Et si la nuit venue,

Tes rêves, un à un, s'éteignent,

Dans l'obscure cité des âmes perdues,

Je serais là.

J'ignore la science des volcans,

Comment calmer le feu de tes tourments,

Mais l'ange de la disgrâce en me touchant si près,

M'a confié la clef d'un trésor secret :

La joie imprévisible est une étoile filante.

Rien ici-bas ne dure longtemps,

Comme la fleur des sommets.

Et si tu penses à moi,

Plus fort que jamais,

Je te retrouverais.

Alors, la joie simple qui nous enchante,

Brillera dans nos yeux émerveillés,

En ce jour, à cette heure de félicité.

LE PAPILLON BLANC

Rire sans raison,

Chanter à fond,

Courir sous la pluie,

Se sentir léger,

Comme ce papillon de nuit,

Qui se pose sur toi.

LE PALAIS ROSE

Dans les jardins du palais rose,

Gardé par de hautes grilles,

Rien ne filtre.

Les ombres de l'après-midi,

S'étalent sur l'herbe fraîche.

Les roseraies s'habillent de couleurs,

Où se mêle, aux parfums des fleurs,

La torpeur.

Ses colonnes s'élèvent vers le ciel,

Au temps béni des amants,

Où s'étale, au soleil couchant,

La douceur.

Le vent du désert,

Levé par l'insouciance,

Jusqu'à la cime du grand flamboyant,

Peuplés d'oiseaux rares en partance,

Retient son souffle,

Face aux artistes de la légèreté,

Au temps sacré,

Retrouvé,

A s'embrasser.

UNE HEURE DE VOYAGE

A l'ombre rare d'une palmeraie,
Ou sous la pluie de la vallée de mai,
En pirogue sur le cristal des lagons,
Ou sous les temples sacrés du Japon,
Au fond d'une crique de Méditerranée,
Ou sur les trottoirs brûlants de Tanger,
Sous la canopée sauvage de Madagascar,
Ou sous les palais lézardés de Zanzibar,
En ermite dans les cabanes de Sibérie,
Ou sous les tôles ondulées de Pondichéry,
En bateau à voile vers les iles Fidji,
Ou sous la mousson des rizières à Bali,
Pour une heure ou même une seconde,
Des plages de Goa à la baie d'Ha Long,

Avant le dernier coup de gong,

Je veux voir le monde,

Et tout aimer.

NOMADE

Ombre ou mirage,

La fille aux yeux éclairs,

Et aux cheveux ébène,

Trace son sillon.

Le vent disperse ses prières,

A la tombée du soir.

Bientôt, il fera nuit,

Et pourtant, elle sourit.

Le silence et la foi,

Comme unique boussole.

C'est ainsi qu'elle vit,

Et qu'elle mourra aussi.

Nomade du désert,

La lune derrière les dunes,

Bientôt, comme seule amie.

LE PETT VELO

Rouge, le petit vélo,

Ou peut-être bleu,

Nul ne le sait.

C'est son grand secret,

Jalousement gardé.

Hier, elle a crevé,

Sur le même sentier,

Près du vieux châtaignier.

Il fait encore chaud,

La nuit en juillet.

Allongée dans l'herbe,

Elle observe la lune,

Elle aussi si bleue.

Non, elle n'est pas folle.

C'est le ciel qui ment,

Ou peut-être l'alcool,

Qui lui joue des tours.

Mais elle s'en balance,

Il n'y a que le présent,

Qui danse avec le vent,

Dans sa tête d'enfant.

C'est si amusant,

De repeindre la vie,

Comme elle l'entend.

L'ECHIQUIER

Duel sur l'échiquier,

Au temps mystifié.

Dame blanche,

Noir cavalier,

Guerre au sommet.

A quel coup se fier ?

Quelle vengeance masquée ?

Dans sa tour d'ivoire,

Ivre de pouvoir,

Grimé de laideur mate,

Au parfum d'assassin,

Un roi au funeste destin,

Sur un seul coup d'échec,

Fait tout valser.

L'ENIGME

Une courbe vers le ciel,

Equation universelle,

Entre zéro et l'infini.

Poussières ou paradis ?

Premier ou dernier ?

Enfer ou félicité ?

Espoir à l'imparfait,

Les mêmes prières sacrées,

Peu importe le rang,

Peu importe le temps,

Pour toute l'humanité.

Toujours la même énigme,

Depuis deux mille ans.

VIVRE

J'ai vu les neiges du Kilimandjaro,

Et les sables orange de Gobie.

J'ai longé les ravins du Pacifique,

Et glissé sur les glaces de Laponie.

J'ai vu les rituels sacrés du Kerala,

Et les soleils dansants de Cuba.

J'ai couru dans les plaines du Kenya,

Et rêvé sous les cieux d'Aldabra.

J'ai vu la vallée de la mort,

Les volcans en feu des archipels.

J'ai nagé avec les requins baleines,

Et rêvé sur des îles aux trésors.

J'ai vu les barrières de corail,

Et les grands feux de paille.

J'ai navigué près des récifs,

Et rêvé sur un bateau à voile.

J'ai vu les soirs d'Asie s'embraser,

Et les aurores d'Orient flamber.

J'ai marché à l'ombre des palmeraies,

Et rêvé sous des tentes étoilées.

J'ai vu les neiges éternelles du Népal,

Et la foule bigarrée envahir les étals.

J'ai arpenté les ruines millénaires,

Et rêvé sous leurs arbres de pierre.

J'ai vu les eaux limpides du Yucatan,

Et les routes bordées de flamboyants.

J'ai aimé les nuits folles d'espoir,

Et rêvé sous les néons des bars.

J'ai vu tout ce qui émerveille,

Et ne sera jamais plus pareil.

J'ai aimé chaque jour qui se lève,

Et rêvé jusqu'au bout des jours,

A toi, mon seul amour.

QUAI DES REVES

C'est un feu qui la dévore,

Une lueur jusqu'à l'aurore,

Un cœur qui bat encore,

Au fond de la nuit polaire.

Un quai à Paris sous la neige,

Au solstice d'hiver.

Une jeune fille sur un banc,

Sans son prince charmant.

Un conte pour une nuit,

Une histoire sans espoir,

Juste à tuer le temps,

Déjà mort pour elle,

Déjà mort pour rien.

LE GRAND MYSTERE

Elle a le regard des îles perdues,

Lascive et lointaine.

Il y a toujours de l'orage dans l'air,

Eté comme hiver,

Et un grand mystère.

Personne n'y voit clair,

Mais moi j'ai du flair.

Dans ses yeux gris vert,

Un autre hémisphère,

Toujours en solitaire.

Elle est mon dernier poème,

Ma terre suprême,

Où le temps s'égrène,

Près de celle que j'aime.

LES HERBES DU TEMPS

Sur le fleuve de cire,

Filent les heures sans désir,

Au soleil du présent.

A bord du bateau vapeur,

Sous un chapeau de paille,

Les yeux dans le vague,

Elle contemple les rives,

Les herbes folles en pagaille,

Les bois flottants à la dérive,

Loin de l'horreur et de la peur.

Sur le pont supérieur,

L'horizon comme empire.

Juste la force de fuir,

Les geôles des émirs.

CARAVELLE

Dans le ciel éphémère,

La caravelle des rêves.

Légende ou vérité,

Lumière ou cécité,

Mirage ou réalité,

Nul ne le sait.

Et même si le vent souffle fort,

Sur une mer déchaînée,

Rien ne peut la couler.

Vogue jusqu'à l'aurore,

Belle caravelle,

Eternelle et rebelle,

Liberté.

VOL DE MINUIT

C'est beau de s'envoler,

Par une nuit bleue d'été,

Bien au-dessus des toits,

Simplement avec toi,

Sur un rayon de lune.

Nos ailes de libellule,

Dans le ciel amoureux,

Fraternel et joyeux,

Une dernière fois.

DOLCE VITA

Balade en cabriolet,

De Rome à Florence,

Grand jour d'existence,

Au rythme des impatiences.

Fantaisie à deux improvisée,

Des ruines hantées par ta beauté,

Aux statues jalouses des palais,

Jusqu'aux fontaines des jardins d'été,

Des heures tuées par la splendeur,

Sur les traces éternelles de Stendhal.

Voyage dans l'art idéal,

Oscillant entre bien et mal,

Féerie des jours de cristal.

LE MIROIR AUX OISEAUX

C'est une lagune aux yeux de jade,

Sous la chaleur cruelle de l'été.

Le silence de plomb torpille les ruelles.

Personne pour s'aventurer sur le quai.

Pas même la flèche d'une ombrelle,

Aux heures assassines du soleil.

Aucune ombre, aucun signe,

Juste les branches de vigne,

S'imprimant en encre de chine,

Sur l'onde calme et limpide.

C'est un mystère sur les flots,

Scintillant de mille mots,

L'amour au fond de l'eau,

Dans le miroir des oiseaux.

BAIE DES CARAVELLES

Dans les nuées de l'aube,

Un rivage sans âme à la ronde.

Revenue d'un tour du monde,

Des soleils qui émerveillent,

L'ancre jetée à regret,

Dans l'eau noire de la baie,

Trois-mâts crèvent le ciel.

A peine débarqué,

Et déjà si pressé,

De filer dans les vagues,

Si loin des terrains vagues.

Quitter ce bout de terre,

Ce monde de poussières,

Crevant sous la misère.

IV. HORIZONS

> Ne nous prenons pas au sérieux,
>
> Il n'y aura aucun survivant.
>
> Alphonse Allais

REQUIEM DE L'ETE

Un pétale de rose,

Virevolte dans l'air parfumé,

Puis, soudain, disparait.

Requiem de l'été.

Un jardin de Méditerranée,

Un soir mélancolique et gai.

Je me promène dans la roseraie,

Le vent d'Automne sans pitié,

Ravage l'éphémère beauté.

A quoi bon résister ?

Tout passe et tout s'efface.

Entraines-toi à mourir,

Les fleurs te le répètent.

LE MERLE

Dans le cimetière d'en face,

Chaque nuit, vers minuit,

C'est la même sérénade.

Un merle chante à tue-tête,

L'allégresse d'être en vie,

Perché sur son marronnier.

Son air d'opéra résonne si fort,

Qu'il fait trembler la mort,

Jusque dans l'autre monde.

L'AVENTURE

Je m'en irai vers des archipels lointains,

Parcourant pieds nus des chemins déserts,

Peuplés de papillons et de chiens errants.

Je saurai découvrir une île de lumière,

Où je pourrai écrire à la plume du vent,

L'histoire secrète d'un amour mystère,

Se brisant comme du verre,

A la moindre fugue insulaire.

J'oublierai le temps des longs hivers,

L'enfer des jungles au cœur de pierre,

Et par un matin plus serein et clair,

Au ciel ensorcelé par l'azur parfait,

Je pourrai mourir le cœur en paix.

LE MONT FUJI

Il neige sur le Mont Fuji.
Les flocons effacent mes pas.
Dans le ciel bleu nuit, déjà,
Les premières lueurs du trépas.
Nul refuge, je cherche ici-bas.
Je m'allonge les bras en croix.
La poudreuse tombe sur moi.
Un traineau de feu m'emmène vers l'au-delà.
Une voix familière me parle tout bas :
« Nous sommes la neige éternelle du mont Fuji. »
Le grand amour, est-ce ciel de neige ?
Désormais, je sais que c'est toi,
Mon unique paradis.

L'OISEAU RARE

Sur le sable du rivage,

Quelques traces de pas.

Un oiseau rare est passé par là.

Déjà, le soleil du printemps.

Le vent dans les pins n'efface rien.

Pas même les vagues de l'océan.

Toujours le même chagrin.

Suis-je encore vivant ?

Ton ombre s'allonge,

Jusqu'à la fin des temps.

LE MANEGE DES ANGES

Je regarde le cortège funèbre passer.

Le manège des anges peut commencer.

Flottant dans un nuage de prières,

Je me laisse porter par leur beauté.

L'aube givrée disperse sa lumière.

Les miens se tiennent tous par la main,

Leurs larmes grésillent au soleil d'hiver.

Des fleurs fraîches parfument le cimetière,

Sur la couronne tressée du cercueil,

Un papillon blanc fait son deuil.

Mon cœur ne bat plus depuis hier,

Mais mon âme s'emballe comme un enfant,

Je parle enfin à ma grand-mère.

Tant de choses à se dire pendant mille ans.

LE MESSAGER

Si dans le silence de la nuit,

Le vent de mon paradis,

Dessine sur ton cœur,

Un palais pour les purs,

Un désert aux imposteurs,

Je ne serais plus là,

Mais toi, ici-bas,

Tu sauras tout.

LE VIEUX CHENE

Le vent dans les feuilles,

Un ami écureuil,

La lumière de l'été,

A l'aquarelle, magnifiée,

Sur la toile du ciel délavé.

Cernée par la forêt,

Sa demeure enchantée.

Royaume des oiseaux,

Des chats paresseux,

Des chevaux au galop,

Des jours toujours radieux,

Des veillées aux flambeaux,

Des nuits à l'encre bleue,

Des tourments à mille lieux.

Ma vie est déjà gravée,

Sur l'écorce du vieux chêne,

Dans le jardin de Claire,

Pour l'éternité.

LA FILLE DE L'AIR

Elle porte un costume de vélin blanc,

Un chapeau de feutre, pieds nus.

A sa boutonnière, une fleur des champs.

Elle aime fumer le havane et rêve,

Sous le soleil pourpre du soir.

Dans sa tête givrée d'histoires,

Les mots comme des lucioles,

Voltigent dans l'air sacré.

Mais le monde s'en fout.

La foule est si pressée.

Sur sa joue d'opaline,

Coule une larme divine.

Elle a le regard de l'enfance,

Le feu de l'innocence.

Dans ses veines entaillées,

Le sang de l'irrévérence.

Elle n'aime pas le passé,

Encore moins l'avenir.

Le présent la désire,

Mais elle s'en balance.

Elle a toute la vie avec elle,

Et la mort aussi,

Pour rire de plus belle,

De ce monde cruel.

Qui ?

La poésie.

I. ORAGES   9

II. ESCALES   51

III. ARCHIPELS   91

IV. HORIZONS   135

DU MEME AUTEUR

Aux Editions BOD

REQUIEM AU SOLEIL

LE MYSTERE DU ZEPHYR

CORAIL NOIR

HAVANA SONG

Merci à Amélie.

Photographies couverture :
© istockphoto.com : CSA Images
© Leray P
Édition : BoD · Books on Demand GmbH, In de Tarpen 42,
22848 Norderstedt (Allemagne)
Impression : Libri Plureos GmbH, Friedensallee 273,
22763 Hamburg (Allemagne)
ISBN : 978-2-3224-9606-8
Dépôt légal : Décembre 2024